HEIN-BLÖD-INSEL
BLAUKÄPPCHEN-WALD
FUN-KUCHEN-INSEL
BLAUBÄR-CITY
BLAUBÄR-HAFEN

DR. OETKER

KOCHEN mit KÄPT'N BLAUBÄR

DR. OETKER

KOCHEN mit KÄPT'N BLAUBÄR

„Hunger, Hunger, Hunger – wir haben Hunger, Hunger, Hunger, haben Durst.“ So haben meine drei kleinen Bärchen immer wieder gerufen und dabei mit den Löffeln auf den Tisch getrommelt. Tja ... da half gar nichts mehr. Da mußte ich den drei Rabauken was Leckeres auf den Tisch zaubern. So ist es dann gekommen, daß ich nicht nur einer der besten Geschichtenerzähler auf dem platten Land geworden bin, sondern auch einer der besten Köche. Nun will ich euch mal ein Geheimnis verraten: Nicht nur die Bärchen hatten immer wieder Hunger – ich auch. Einen Bärenhunger. Mein Magen hat geknurrt, daß sich die Balken nur so bogen. Ich bin eben nicht nur einer der besten Köche, auch einer der besten Esser. Mir knurrt schon wieder der Magen, wenn ich nur an all die leckeren Sachen denke; da hab ich schon wieder Hunger, Hunger, Hunger ...

Inhalt

Meeresferkel

à la rosa Enkel

„Nicht nur an Land, auch im Wasser leben Kühe", erklärt Käpt'n Blaubär, „nämlich die Seekühe. Auf diese harmlosen Tiere trifft man manchmal vor der australischen Küste. Früher, zu meines Großvaters Zeiten, gab es noch die über zehn Meter langen Riesenseekühe. Doch leider wurden diese größten Kühe der Welt 1768 von üblen Walfängern ausgerottet."

So wird's gemacht:

Gehacktes in eine Schüssel geben, Zwiebelwürfel, Ei, eingeweichtes und ausgedrücktes Brötchen hinzufügen, mit Salz und Pfeffer würzen und zu einem glatten Fleischteig verkneten. Den Fleischteig auf einer nassen Arbeitsfläche ausrollen, mit einem Ausstecher oder einer Schablone Schweine ausstechen oder ausschneiden.

Möhren und Kartoffeln getrennt voneinander gar kochen, abgießen. Kartoffeln durch eine Presse drücken, Möhren mit dem Pürierstab pürieren. Die beiden Zutaten mit der Milch verrühren, mit Salz und Pfeffer abschmecken, anschließend warm stellen.

Das Öl in einer Pfanne erhitzen, die Meeresferkel in heißem Öl gar braten: Möhrenpüree und „Meeresferkel" auf Tellern oder einer Platte anrichten, mit etwas Petersilie garnieren.

Als Zutaten brauchen wir:

400 g Gehacktes (halb Rind-, halb Schweinefleisch)

2 EL abgezogene, gewürfelte Zwiebeln

1 Ei

1 eingeweichtes, trockenes Brötchen

Salz

frisch gemahlenen Pfeffer

Speiseöl zum Braten

Für die Beilage:

3 dicke, geschälte (etwa 200 g) Möhren

300 g geschälte Kartoffeln

200 ml Milch

etwas gehackte Petersilie

„Ein ganz berühmter Franzose sogar!" Opa erzählt sofort weiter. „Ich komm jetzt leider nicht auf den Namen, aber ganz berühmt, sag ich euch. Der hatte schon unzählige Kochbücher geschrieben und alle Rezepte der Welt ausprobiert, und der wollte auch mal geschmorten Flötenfisch kosten. Das war das einzige, was der noch nicht kannte."

Flötenfische geschmort mit Pfiff

So wird's gemacht:

Gehacktes mit Zwiebelwürfeln, Ei, Semmelbröseln, Salz und Pfeffer zu einem geschmeidigen Fleischteig verarbeiten. Auf einer nassen Arbeitsfläche diesen Fleischteig mit einem nassen Nudelholz ausrollen und mit dem Ausstecher oder der Schablone Fische ausstechen.

Als Zutaten brauchen wir:

- *300 g Gehacktes (halb Rind-, halb Schweinefleisch)*
- *1 abgezogene Zwiebel, in Würfel geschnitten*
- *1 Ei*
- *1 EL Semmelbrösel*
- *Salz*
- *frisch gemahlenen Pfeffer*
- *2 EL Speiseöl zum Braten*

Für die Dekoration:

- *1 Bund Radieschen (um kleine Mäuse herzustellen)*

Beilage:

- *etwa 400 g Pommes frites*

Arbeitsgeräte:

- *1 Ausstecher oder eine Schablone in Fischform*
- *1 Nudelholz*

Radieschen gründlich waschen, das Grüne bis auf wenige Millimeter abschneiden, die dünnen Wurzeln an den Radieschen belassen. (Wurzeln sind Schwänze und das verbleibende Grün die Schnäuzchen.) Von den Radieschen eine kleine Standfläche abschneiden, damit sie nicht wegrollen können. Oberhalb des grünen Blattansatzes die Haut links und rechts einritzen und aus kleinen Radieschenscheiben zwei Ohren in die Ritzen stecken. Nun die Hackfleisch-„Flötenfische" in etwas Öl braten, die Pommes frites in heißem Öl backen, auf Teller geben und mit den Radieschenmäusen garnieren.

Antarktische Würstchen

heiß serviert

„Die Pinguine bieten nämlich Erfrischungen an.“ Opa hebt seinen Zeigefinger, wie immer, wenn er etwas Wichtiges erklärt. „So war das. Na ja, frisch genug war es da eigentlich sowieso schon. Die boten auch Erhitzungen an, besser gesagt: heiße Würstchen, heißen Kakao, Wärmedecken mit Batterie, alles, was man in der Antarktis so braucht.“

So wird's gemacht:

Kleine Nürnberger Bratwürste und Kartoffelpuffer in einer Pfanne in Öl kroß braten. Die fertigen Puffer auf Teller verteilen und Gesichter wie folgt darauf garnieren:
Durch das Braten haben sich die Würstchen etwas gebogen und eignen sich nun gut als Nase und Mund.
Kleine ausgestochene Eiweißscheiben dienen als Augen, wobei die Pupillen aus Radieschenscheiben bestehen.
Aus Petersilienblättern entsteht eine stachelige Mecki-Frisur.

Als Zutaten brauchen wir:

- 6 Bratwürste, kleine Nürnberger
- 4 tiefgekühlte Kartoffelpuffer
- 3 EL Speiseöl zum Braten
- 8 Scheiben gekochtes Ei (nur das Weiße)
- 2 Radieschen
- 1 Bund Petersilie

Thunfisch im Netz nach Nixenart

Als Zutaten brauchen wir:

40 g Butter
4 Scheiben Thunfisch à 100 g
Salz
frisch gemahlenen Pfeffer
2 Tomaten
2 Lauchzwiebeln

Außerdem:

4 Bogen Alufolie (etwa 30 x 30 cm)
1 großen Topf mit heißem Wasser
1 Schaumkelle
4 dicke Scheiben Salatgurke (à 2 cm)
4 dicke Scheiben Radieschen
4 Zahnstocher

So wird's gemacht:

Vier Bogen Alufolie ausbreiten und mit flüssiger Butter bepinseln. Thunfischscheiben abspülen, mit Salz und Pfeffer würzen, auf die gebutterten Alubögen legen, Tomaten und Lauchzwiebeln gut abwaschen, in Scheiben bzw. in feine Ringe schneiden und gleichmäßig auf die Fischportionen verteilen. Die Alufolie jetzt zusammenfalten und die Enden zusammendrehen. Der Thunfisch ist jetzt gefangen wie in einem Netz. Das Wasser im Topf leicht zum Kochen bringen und die vier Thunfischnetze hineingleiten lassen. 20–30 Minuten leicht kochen lassen.
Aus den Gurken- und Radieschenscheiben kleine Segelschiffchen wie folgt herstellen:
Gurken quer halbieren, so daß Halbmonde entstehen. Je eine Radieschenscheibe auf einen Zahnstocher aufpiken (sie dienen als Segel), und diesen Zahnstocher in eine Gurkenhälfte stecken, wobei die grüne Schalenseite den Rumpf des Segelschiffes ausmacht.
Den inzwischen gegarten Fisch mit einer Schaumkelle aus dem Wasser nehmen, auf einen Teller legen, die Folie aufwickeln und mit den Gurkenschiffchen garnieren.

Tip:

Als Beilage reicht man gekochte Kartoffeln oder Reis und einen bunten, gemischten Salat.

„Damals war ich in der Nähe der Hinterindischen Inseln auf Fischfang“, erzählt Opa, „und ich dachte schon, ich hätte einen leckeren Thunfisch im Netz oder jedenfalls einen dicken Fang gemacht; denn das Netz war so schwer, daß es sich kaum an Bord ziehen ließ. Und stellt euch vor, was hatte ich da im Netz? Eine waschechte Wassernixe.“

Vulkanfisch

mit Zitronen-Senf-Sauce

à la Hein Blöd

„Da war ich doch zusammen mit Hein Blöd auf Angeltörn im Vulkanischen Ozean. Das ist nämlich die einzige Stelle, wo man die Fische gleich an Ort und Stelle braten kann. Man muß die Fische nur über einen Vulkan halten, das reicht. Und schmeckt gut."

Als Zutaten brauchen wir:

4 kleine Forellen à 150 g, küchenfertig
Salz
frisch gemahlenen Pfeffer
2 EL Speiseöl

Für die Sauce:
8 EL Mayonnaise
1 EL Senf, mittelscharf
2 EL gehackten Dill
Saft von 1/2 Zitrone
1/2 TL feingehackte Zitronenschale (unbehandelt)

Beilage:
4 Kartoffeln in Folie

Außerdem:
Holzkohle, Steine für die Abgrenzung des Feuerplatzes,
4 Astgabeln, 4 lange Metallspieße

So wird's gemacht:

Zuerst wird der „Vulkan" gebaut. Aus Steinen einen Kranz legen (Durchmesser etwa 50 cm). In diesen Kranz die Holzkohle schütten und anzünden. Links und rechts vom Kranz je zwei Astgabeln in den Boden stecken. Die Gabeln sind deshalb wichtig, weil dort der Grillspieß hineingelegt wird.
Die küchenfertigen Forellen salzen, pfeffern. Langsam und vorsichtig in Längsrichtung aufspießen. (Je Spieß 1 Forelle.) Mit etwas Öl einpinseln und über dem offenen Feuer (Vulkan) garen. Grillzeit etwa 30 Minuten. Die Forellen sind gar, wenn sich die Rückenflosse leicht herausziehen läßt.
Die Kartoffeln können in der heißen Glut oder im Backofen (200 °C) gegart werden.
Für die Sauce Mayonnaise, Senf und Dill gut verrühren, mit Salz, Pfeffer, Zitronensaft und gehackter Zitronenschale würzen.

Tip:

Statt der Forellen kann man auch Schollen oder Heringe nehmen.

Als Zutaten brauchen wir:

Für die Kartoffelsalate:
600 g Kartoffeln
6 EL heiße Fleischbrühe
Salz
frisch gemahlenen Pfeffer
9 EL Mayonnaise
3 TL Weinessig

Für den roten Kartoffelsalat:
½ Bund Radieschen
1 Tomate

Für den gelben Kartoffelsalat:
1 kleine gelbe Paprikaschote

Für den grünen Kartoffelsalat:
1 kleine grüne Paprikaschote
2 EL Schnittlauchröllchen

Für die Fischstäbchen:
400 g Seelachsfilet (ohne Gräten), in dicke Stäbchen (2 x 5 cm) geschnitten
Salz
frisch gemahlenen Pfeffer
Zitronensaft
40 g Weizenmehl
1 Ei
1 EL Wasser
60 g Semmelbrösel
5 EL Speiseöl zum Braten

Zum Garnieren:
je ½ rote, gelbe und grüne Paprikaschote

Knusprige Fischstäbchen

mit rot-gelb-grünem Kartoffelsalat

„Kinders, schmeißt den Herd in der Kombüse an“, ruft Käpt’n Blaubär, „ich hab frische Fischstäbchen mitgebracht. Frisch vom Fang. Tja, die sind nicht nur leicht zu fangen, sondern auch leicht zuzubereiten. Man braucht bei diesen kleinen Fischen nur den Kopf und den Schwanz abzuschneiden. Die Fischstäbchen sind nämlich die einzigen rechteckigen Fische der Welt.“

So wird’s gemacht:

Die Kartoffeln in der Schale in 15–20 Minuten gar kochen, etwas abkühlen lassen und pellen. In Scheiben schneiden und je 200 g in eine kleine Schüssel geben, mit zwei Eßlöffeln Brühe mischen und abkühlen lassen. Mit Salz, Pfeffer, je 3 Eßlöffeln Mayonnaise und 1 Teelöffel Weinessig vermischen.

Für den roten Kartoffelsalat die Radieschen waschen, abtrocknen und in Scheiben schneiden. Die Tomate kurze Zeit in kochendes Wasser legen (nicht kochen lassen), in kaltem Wasser abschrecken, enthäuten, den Stengelansatz herausschneiden, das Tomatenfleisch in Würfel schneiden. Radieschenscheiben und Tomatenwürfel unter das erste Drittel des Kartoffelsalates mischen.
Für den gelben Kartoffelsalat die gelbe Paprikaschote halbieren, entstielen, entkernen, die weißen Scheidewände entfernen, waschen, in feine Würfel schneiden und unter das zweite Drittel des Kartoffelsalates mischen.
Für den grünen Kartoffelsalat die grüne Paprikaschote halbieren, entstielen, entkernen, die weißen Scheidewände entfernen, waschen, in feine Würfel schneiden, zusammen mit den Schnittlauchröllchen unter das letzte Drittel Kartoffelsalat mischen.
Den Kartoffelsalat etwas durchziehen lassen.
Die rohen Fischstäbchen mit Salz, Pfeffer und Zitronensaft würzen. Zuerst in Mehl, dann in mit Wasser verschlagenem Ei und zuletzt in Semmelbröseln wenden. Die Fischstäbchen in heißem Speiseöl braten, bis sie goldbraun und knusprig sind.

Pro Person je einen Eßlöffel Kartoffelsalat in den Farben Rot, Gelb und Grün nebeneinander auf den Teller geben, die gebackenen Fischstäbchen dazulegen, aus gewaschenen Paprikaschoten mit Ausstechern kleine Fische oder Herzen ausstechen und den jeweils farblich passenden Kartoffelsalat damit garnieren.

„In der tiefen Tiefsee“, weiß Käpt’n Blaubär, „da leben die Riesenkraken. Sie werden über 20 Meter lang und haben an ihren acht Fangarmen Saugnäpfe, die groß sind wie die Teller aus meiner Kombüse. Ihr Maul ist ein großer Schnabel, der aussieht wie der Schnabel von einem Papagei. Nur sprechen“, schmunzelt Käpt’n Blaubär, „können sie damit nicht.“

Tintenfisch mit roter Tinte

Als Zutaten brauchen wir:

- *500 g Kartoffeln, geschält*
- *250 g Tintenfischringe*
- *Salz*
- *frisch gemahlenen Pfeffer*
- *Saft von ½ Zitrone*
- *1 Ei*
- *150 g Semmelbrösel*
- *1 l Speiseöl zum Ausbacken der Ringe*
- *1 kleine Friteuse mit Thermostat*
- *200 ml Milch*
- *1 EL Butter*
- *geriebene Muskatnuß*
- *150 g Semmelbrösel*
- *1 kleine Flasche Tomatenketchup*

So wird’s gemacht:

Die geschälten Kartoffeln für den Kartoffelkranz im Wasser in etwa 20 Minuten gar kochen lassen.
In der Zwischenzeit Tintenfischringe mit Salz, Pfeffer und Zitronensaft würzen und zuerst im verschlagenen Ei wenden, anschließend mit Semmelbröseln panieren.
Öl in die Friteuse gießen und auf 180 °C erhitzen. Der eingebaute Thermostat schaltet automatisch die Hitzezufuhr beim Erreichen der gewünschten Temperatur ab. So kann ein Überhitzen des Öls vermieden werden.
Die panierten Tintenfische nach und nach ausbacken, bis sie goldbraun sind, und warm stellen.
Nun bei den Kartoffeln die Garprobe machen. Mit einer

Gabel oder einem spitzen Messer in eine Kartoffel piken, wenn diese dann langsam von der Gabel oder dem Messer rutscht, sind die Kartoffeln gar. Kartoffeln abgießen, dann mit einem Stampfer kleindrücken, mit warmer Milch und Butter verrühren, mit Salz und Muskat würzen, gut verrühren.
Vier Teller mit einem Kartoffelkranz versehen, in die Mitte Tomatenketchup geben und die heißen gebackenen Tintenfischringe darauf legen. Mit etwas Geschick kann man aus dem Püree ein Gesicht spritzen, die Tintenfischringe dienen dann als Mund, Augen und Ohren. Mit dem Tomatenketchup kann man eine Nase markieren.

Südpolspaghetti
nach der Ping-Methode

Als Zutaten brauchen wir:

100 g Erbsen (TKK)

100 g Möhrenwürfel (kleine)

100 g Blumenkohl-röschen

100 g Broccoli

Salz

Speiseöl

300 g Spaghetti

100 g Butter

2 EL Semmelbrösel

1 EL gehackte Petersilie

frisch gemahlenen Pfeffer

geriebene Muskatnuß

2 große, geschälte und blanchierte Möhren

verschiedene kleine Ausstecher oder Schablonen (Fische, Schiffchen, Anker usw.)

So wird's gemacht:

Tiefgekühlte Erbsen auftauen lassen. Kleine Möhrenwürfel, Blumenkohl- und Broccoliröschen in gesalzenem Wasser etwa 5 Minuten blanchieren, in ein Sieb gießen und abtropfen lassen.
In einem großen Topf reichlich Salzwasser mit einem Spritzer Öl zum Kochen bringen und die Spaghetti darin garen.
Anschließend in ein großes Sieb gießen, abtropfen lassen. Spaghetti in den Topf zurückschütten, leicht salzen und im Backofen warm stellen.
Butter in einer Pfanne zerlaufen lassen, die aufgetauten Erbsen und die blanchierten Gemüse mit Semmelbröseln und Petersilie andünsten, mit Salz, Pfeffer und Muskat würzen und unter die Spaghetti mischen.
Die großen, blanchierten Möhren längs in Scheiben schneiden, Figuren ausstechen, die Ränder von vier tiefen Tellern damit garnieren bzw. belegen. Spaghetti in der Mitte anrichten und servieren.

„Jeder Pinguin hat heutzutage seine Stimmgabel dabei. Die haben die Ping-Methode einfach beibehalten. Das geht schneller als Steppen und funktioniert auch bei dickem Eis. Steptanzen ist bei den Pinguinen inzwischen wieder ganz aus der Mode gekommen. Schade eigentlich. Das war immer so drollig anzusehen." „Und mit den Stimmgabeln können sie dann auch gleich ihre Südpol-Spaghetti essen, hi, hi, hi."

Geräderte Nudeln

„Ach, der gute Hein!" Opa muß lachen. „Der hat die Kochbücher gegessen. Weil er dachte, die hätten mehr Vitamine. Seitdem ist Hein ein wandelndes Kochbuch. Auf jede Frage gibt er ein Rezept von sich. Wir können es ja noch mal ausprobieren.
Hein, sag doch mal: Wie hoch ist der Eiffelturm?" Hein Blöd strahlt. Das weiß doch jeder, aber hallöchen: „Zweihundertfünfzig Gramm Lammhack, vier Kartoffeln, acht Schalotten, Tomatenmark, Petersilie, die Knoblauchzehen sehr fein hacken, die Zwiebeln in Scheiben schneiden und glasig dünsten ..."

So wird's gemacht:

Die Haut der Tomaten einritzen und etwa 10–15 Sekunden in kochendes Wasser legen. Danach herausnehmen, unter fließendem kaltem Wasser abschrecken und die Haut abziehen.
Anschließend Tomaten vierteln, von den Kernen befreien und in Würfel schneiden.
Olivenöl erhitzen, die geputzten, in Streifen geschnittenen Frühlingszwiebeln, Olivenscheiben und Tomatenwürfel darin schmoren, mit Salz, Pfeffer, etwas Knoblauch und Basilikum abschmecken und einige Minuten leicht köcheln lassen.
In reichlich kochendem Wasser die Nudeln garen, nach etwa 12 Minuten auf ein Sieb gießen, abtropfen lassen und in einem Topf mit zerlassener Butter vermischen.
Anschließend in einer Schüssel anrichten, mit Sauce übergießen und mit Schnittlauchröllchen bestreuen.

Als Zutaten brauchen wir:

4 Fleischtomaten
2 EL Olivenöl
3 Frühlingszwiebeln in Streifen
1 Glas gefüllte Oliven
Salz
frisch gemahlenen Pfeffer
Knoblauchpulver
Basilikumblättchen in Streifen
250 g Ruoti (Nudeln in Radform)
1 EL Butter
2 EL Schnittlauchröllchen

Tip:

Wenn es schöner aussehen soll, frische Basilikumzweige und Cocktailtomaten als Garnitur verwenden.

„Das Meer wird auch nicht sauberer“, klagt Käpt'n Blaubär, „aber das ist kein Wunder, bei dieser Umweltverschmutzung. Und bei der Nordsee merkt man das ja sofort, aber beim Schwarzen Meer würde es keiner merken, denn das Wasser ist dort nämlich ganz schwarz, kohlrabenschwarz. Daher heißt es auch Schwarzes Meer.“

Spaghetti Polonäse

mit Rote-Mehr-Sauce

Als Zutaten brauchen wir:

400 g Rindergehacktes
etwas Speiseöl zum Braten
Salz
frisch gemahlenen Pfeffer
gerebelten Thymian
gerebelten Majoran
Knoblauchpulver
1 kleine Flasche Tomatenketchup
250 g Spaghetti

Außerdem:

8 Frühlingszwiebeln (nur das Weiße)

So wird's gemacht:

Das Rindergehackte in Öl knusprig anbraten, mit Salz, Pfeffer, Thymian, Majoran und etwas Knoblauch würzen, mit Tomatenketchup auffüllen, langsam noch etwas köcheln lassen. Bei den Frühlingszwiebeln das obere Ende über Kreuz

ganz fein und mehrere Male einschneiden (Einschnittiefe etwa 3 cm) und anschließend in kaltes Wasser legen. Die feinen Einschnitte bewirken, daß sich die entstandenen Streifen aufrollen und die Zwiebeln wie kleine Palmen aussehen. Spaghetti in reichlich kochendem und gesalzenem Wasser garen, auf ein Sieb gießen, abtropfen lassen und warm stellen. Spaghetti auf Teller verteilen, die Rote-Mehr-Sauce darüber geben und mit je zwei Zwiebelpalmen verzieren.

Dummfisch-Pizza

das Titelrezept

So wird's gemacht:

Alle Zutaten für den Teig in eine Schüssel geben, mit dem Handrührgerät mit Knethaken in etwa 5 Minuten auf höchster Stufe zu einem glatten Teig verarbeiten. Abgedeckt bei etwa 50 °C in den Backofen stellen (Tür etwas geöffnet), etwa 20 Minuten gehen lassen, nochmals gut durchkneten, aus der Schüssel nehmen, auf einer mit Mehl bestäubten Arbeitsfläche zu einer Kugel formen. Auf einem gefetteten Backblech zu einer runden Platte von etwa 28 cm ausrollen. Für den Belag Tomatenmark mit Öl, Oregano und Salz verrühren, auf den Teig streichen (gut 1/2 cm am Rand frei lassen). Tomaten in Scheiben schneiden, Champignons und Thunfisch gut abtropfen lassen. Geputzten Broccoli etwa 5 Minuten in kochendem Salzwasser blanchieren, in kaltem Wasser abschrecken, auf einem Sieb abtropfen lassen. Tomaten, Champignons, Broccoli und Thunfisch auf dem Teig verteilen. Käse grob raspeln, über die Zutaten geben, das Backblech in den vorgeheizten Backofen schieben. Die Pizza etwa 15 Minuten bei etwa 200 °C (Heißluft etwa 180 °C) backen.

Als Zutaten brauchen wir:

Für den Teig:

300 g Weizenmehl

1 Päckchen Trocken-Backhefe

4 EL Olivenöl

1 gestrichenen TL Salz

125 ml (1/8 l) lauwarmes Wasser

Für den Belag:

3 EL Tomatenmark

2 EL Olivenöl

etwas gerebelten Oregano

Salz

3 Tomaten

200 g Champignons (aus dem Glas)

150 g Thunfisch naturell (aus der Dose)

150 g Broccoli

150 g Gouda

Wellen-Nudel-Salat

à la Leuchtturmwärter

Als Zutaten brauchen wir:

100 g Lasagnette-Nudeln (Bandnudeln mit welligem Rand) oder breite Bandnudeln

3 kleine Salatgurken

100 g Cocktailtomaten

3 EL feingehackten Dill

3 EL Mayonnaise

Salz

frisch gemahlenen Pfeffer

12 Zahnstocher

28 kleine, weiße Papierrechtecke (2 x 3 cm)

etwas Klebstoff

So wird's gemacht:

Nudeln in einem großen Topf mit kochendem Wasser al dente kochen; al dente bedeutet, das jeweilige Kochgut muß noch „Biß“ haben. Anschließend die Nudeln in ein Sieb oder einen Durchschlag schütten, unter fließendem kaltem Wasser abschrecken und gut abtropfen lassen. Salatgurken und Tomaten putzen, abspülen und trockentupfen. Zwei Gurken zur Seite legen, sie werden für das Anrichten benötigt. Die Cocktailtomaten halbieren. Eine Gurke längs vierteln und in feine Scheiben schneiden.
Nudeln, Gurkenscheiben, Tomaten und Dill in eine Schüssel geben und mit Mayonnaise, Salz, Pfeffer zu einem pikanten Salat mischen. Die beiden Salatgurken zum Anrichten des Salates längs halbieren und mit einem Kaffeelöffel die Kerne herauskratzen. Diese ausgehöhlten Gurkenhälften dienen als Schiffsrümpfe für den Salat. Nun müssen noch die Masten mit den Segeln hergestellt werden.
Pro Hälfte benötigt man 3 Zahnstocher (Masten) und 7 Papierrechtecke (Segel). Der mittlere „Mast“ wird mit 3 „Segeln“ beklebt, die äußeren mit je 2 „Segeln“. Den fertigen Nudelsalat nun in die Gurkenhälften verteilen, auf Tellern anrichten und mit den „Masten“ bzw. „Segeln“ verzieren.

„Als es noch nicht überall Leuchttürme gab, haben Feuerschiffe den Seefahrern den richtigen Weg gezeigt“, erklärt Käpt'n Blaubär. „An wichtigen Wasserstraßen hat man früher einfach Schiffe verankert, mit Teer präpariert und angezündet. Diese Schiffe haben dann monatelang gebrannt und anderen Schiffen durch ihr Feuer den Weg in den sicheren Hafen gezeigt. Daher nennt man sie Feuerschiffe.“

Tip:

Den Nudelsalat kann man natürlich auch in aufgebackenen Baguettehälften anrichten. Außerdem kann er mit Tomatenhälften und Dillzweigen garniert werden.

„Johoo! Ich hatte nämlich Käseglocken für Holland und Sauerstoffflaschen für die Perlentaucher von Pogo-Pogo geladen! Und daraus hab´ ich dann sozusagen den ersten Weltraumanzug gebastelt! Ich war bereit, als erster Bär den Mond zu betreten."

So wird's gemacht:

Penne-Nudeln in kochendem Wasser al dente kochen (bißfest), auf ein Sieb schütten und gut abtropfen lassen.
Rote, grüne und gelbe Paprika abspülen, in feine Würfel schneiden, mit den abgetropften Nudeln mischen und in eine gefettete Auflaufform geben. Sahne, Eier und Paprikapulver verquirlen, über die Nudeln gießen und im vorgeheizten Backofen bei etwa 180 °C (Heißluft etwa 160 °C) etwa 45 Minuten stocken lassen. Kurz vor Ende der Garzeit geriebenen Gouda über den Auflauf streuen und bräunen lassen.
Aus den übrigen bunten Paprikaschoten kleine Figuren ausstechen, in gesalzenem Wasser blanchieren und den fertigen niederländischen Käseauflauf damit garnieren.

Als Zutaten brauchen wir:

200 g Penne-Nudeln

1 1/2 Paprikaschoten, rot, gelb und grün

1 Becher (200 ml) Schlagsahne

4 Eier

10 g Paprikapulver edelsüß

150 g Gouda, gerieben

etwas Fett um die Auflaufschale auszufetten

Für die Garnitur:

je 1/2 Paprikaschote, rot, gelb, grün

verschiedene kleine Ausstechformen

Außerdem:

eine feuerfeste Auflaufform

Niederländischer Käseauflauf Pogo-Pogo

Pommes mit Witz

und viel Machonese und Catch-Up

Als Zutaten brauchen wir:

1 kg Kartoffeln
Fritierfett
Salz
frisch gemahlenen Pfeffer
Currypulver
Tomatenketchup
Mayonnaise

Dann kann's ja losgehen:

Kartoffeln schälen, waschen, in gleich lange, bleistiftdicke Stücke schneiden, mit einem Küchentuch gut abtrocknen. Fritierfett in einer Friteuse auf 180 °C erhitzen, die Kartoffelstäbchen darin in etwa 2 Minuten halbgar backen. Nicht zu viel Kartoffeln auf einmal in das Fett geben, damit sie sich im Fettbad nicht berühren. Werden zu viel Kartoffeln in die Friteuse gegeben, kühlt sich das Fett außerdem zu stark ab, und die Kartoffeln saugen sich mit Fett voll, anstatt knusprig zu werden. Sobald sich die Spitzen der Kartoffelstäbchen gelb färben, die Stäbchen mit einem Schaumlöffel herausnehmen, auf einem Durchschlag abtropfen lassen. Wenn die Stäbchen abgekühlt sind, sie noch einmal in das heiße Fett in der Friteuse geben, die Stäbchen in 4–5 Minuten braun und knusprig fritieren. Salz mit feingemahlenem Pfeffer und Currypulver vermischen, die heißen Pommes damit bestreuen.

Und so servieren wir:

Pommes auf einen Teller geben. Mit Tomatenketchup einen Mund auf die Pommes kleckern. Mayonnaise als Augen aufspritzen, mit Tomatenketchup Pupillen andeuten. In zwei kleinen Schälchen Mayonnaise und Tomatenketchup dazu servieren.

„Als ich damals ins Schlaraffenland wollte, mußte ich über ein Meer aus Mayonnaise segeln. Riesige Pommes frites, die wie Wegweiser aus der Mayonnaise ragten, zeigten mir die richtige Richtung.“

„Da machte ich den Vorschlag, die Seegurken einfach sauer einzulegen, in saures Wasser. Und tatsächlich. Das Geheule hörte ruckartig auf. Und die sauer eingelegten Seegurken wurden obendrein ein großer Verkaufsschlager. Die schmecken auch zu gut. Ich wurde sogar zum Gurkenkönig von Corny Chong gekrönt, ehrenhalber.“

Eingelegte traurige Seegurken Corny Chong

So wird's gemacht:

Gurken waschen, Wasser mit Salz verrühren und über die Gurken gießen. 12 Stunden an einem kühlen Ort stehenlassen. Mit frischem Wasser abspülen, schlechte Stellen entfernen, in vorbereitete Einmachgläser füllen. Weinessig mit Wasser, Zucker und Salz zum Kochen bringen, kurz aufkochen lassen, von der Kochstelle nehmen. Pfeffer- und Senfkörner, Dilldolden und Estragon unterrühren. So viel von der heißen Flüssigkeit über die Gurken gießen, daß sie gut bedeckt sind. Mit etwas Einmach-Hilfe bestreuen, die Gläser mit Einmachfolie und Gummibändchen verschließen.

Als Zutaten brauchen wir:

1 kg kleine Gurken	*1 EL Senfkörner*
1 l Wasser	*einige Dilldolden*
50 g Salz	*1 EL gehackten Estragon*
1 l Weinessig	*Einmach-Hilfe*
1 l Wasser	*Einmachgläser*
250 g Zucker	*Einmachfolie*
1 EL Salz	*Gummibändchen*
1 EL Pfefferkörner	

Dem
lieben
Hein Blöd

Robinsons Kartoffelchips

Aschermittwochs Art

Als Zutaten brauchen wir:

400 g Kartoffeln (festkochend)

2 l Speiseöl

Salz

frisch gemahlenen Pfeffer

Paprikapulver edelsüß

Außerdem:

1 Friteuse mit Thermostat

1 Gurkenhobel

4 Bogen Pergamentpapier

So wird's gemacht:

Kartoffeln gründlich waschen und schälen. Mit einem Gurkenhobel die geschälten Kartoffeln in dünne Scheiben hobeln und diese in kaltes Wasser legen, damit sie nicht verfärben. Danach die Kartoffelscheiben noch etwa 1 Stunde in kaltem Wasser belassen. Der größte Teil der Kartoffelstärke tritt dadurch aus und verhindert beim Garen größtenteils das Zusammenkleben.

Die Kartoffelscheiben auf ein großes Sieb schütten und gut abtropfen lassen.
Auf einem Blech Küchenkrepp oder ein Küchentuch ausbreiten und die noch feuchten Kartoffelscheiben darauf geben und trockentupfen. Öl in der Friteuse auf 170 °C erhitzen und die Kartoffelscheiben nach und nach darin ausbacken. Dabei müssen sie hin und wieder mit einer langen Metallgabel bewegt werden, damit sie nicht zusammenkleben.
Anschließend den Fritierkorb mit den ausgebackenen Kartoffelscheiben aus dem Fettbad nehmen, etwas abtropfen lassen und auf eine mit Küchenkrepp ausgelegte Platte schütten. Das Ganze so oft wiederholen, bis alle Chips ausgebacken sind.
Nun das Fett auf 190–200 °C erhitzen und die Kartoffelchips nach und nach fertig backen. Zum Schluß mit Salz, etwas Pfeffer und Paprikapulver würzen.

„Das war mein Ur-Ur-Ur-Schwippschwager dritten Grades, der lebte vor ungefähr zweihundert Jahren und war ein genauso tüchtiger Seebär wie ich. Eines Tages geriet er mit seinem Schiff in einen gewaltigen Sturm, und sein Schiff sank mit Stumpf und Stiel. Robinson Blaubär aber konnte sich auf eine Insel retten."

Tips:

Bei diesem Rezept wird heißes Fett verwendet, das ist gefährlich, ihr solltet euch von einem Erwachsenen helfen lassen.
Aus Pergamentpapier vier Tüten drehen und die Chips darin reichen.

Käpt'n Blaubärs Fun-Kuchen

à la Hein Blöd

„Ich hab schon wieder 10 Gramm abgenommen“, freut sich Käpt'n Blaubär, „also diese Blaubeer-Diät ist wirklich prima. Das wär glatt was für die Erde. Wußtet ihr, daß die Erde durch die vielen Meteoriten und Sternschnuppen, die auf sie herabstürzen, jeden Tag so etwa 55 Tonnen schwerer wird? Das macht im Jahr immerhin 20 000 Tonnen. Die Erde kennt eben die Blaubeer-Diät nicht“, lacht der Käpt'n.

Als Zutaten brauchen wir:

Für den Teig:

250 g Weizenmehl
4 Eier
1 Prise Salz
500 ml (1/2 l) Milch
Butter zum Braten

500 g Blaubeeren
125 ml (1/8 l) Wasser
150 g Zucker
2 TL Speisestärke
4 TL Wasser

Puderzucker
steif geschlagene, gesüßte Sahne

So wird's gemacht:

Mehl in eine Schüssel sieben, in die Mitte eine Vertiefung eindrücken. Die Eier mit Salz und Milch verschlagen, etwas davon in die Vertiefung geben. Von der Mitte aus die verschlagenen Eier und das Mehl verrühren. Nach und nach die restlichen verschlagenen Eier dazugeben, darauf achten, daß keine Klumpen entstehen. Butter in einer Pfanne zerlassen, eine Kelle voll Teig hineingeben. Wenn die Unterseite goldgelb ist, den Pfannkuchen wenden, fertig backen, warm stellen. Aus dem restlichen Teig sieben weitere Pfannkuchen backen. Blaubeeren verlesen, in kaltem Wasser waschen. Mit Wasser und Zucker zum Kochen bringen, 2–3 Minuten dünsten lassen. Speisestärke mit kaltem Wasser anrühren, den Blaubeersaft damit binden.

Und so servieren wir:

Einen Pfannkuchen auf einen Teller geben, ringsum etwas von dem Blaubeerkompott auf den Teller füllen. Aus Pergamentpapier

einen kleinen
Beutel formen, die Spitze
abschneiden. Gesiebten
Puderzucker hineinfüllen,
Hein Blöds Gesicht auf den
Pfannkuchen streuen, zwei
Blaubeeren als Augen
darauf legen. Zu den
Blaubeerpfannkuchen steif
geschlagene, gesüßte Sahne
servieren.

„Da gibt's überhaupt nichts zu lachen, sag ich euch. Wo war ich denn überhaupt stehengeblieben? Also, der wollte nun auch gleich meine Kartoffeln ausprobieren. Und da war der sofort begeistert. Da hat er die geschmorten Flötenfische links liegengelassen und immer nur ganz verzückt so was ausgerufen wie: Mon Djö, Ollàlà, Fisematenten, Zeh-la-wie und Käs-ke-zeh."

Bärchenpuffer mit Fisematenten

Als Zutaten brauchen wir:

Für die Kartoffelpuffer:

1,5 kg große Kartoffeln
3 Eier
3 EL Weizenmehl
Salz
frisch gemahlenen Pfeffer

Für die Zucchinipuffer:

1 kleine Zucchini (200 g)
1 EL feingehackte Petersilie

Für die Möhrenpuffer:

2 kleine Möhren (250 g)
250 ml (1/4 l) Speiseöl zum Braten

Zum Garnieren:

Möhrenstifte, Frühlingszwiebelwurzeln, krause Petersilie, Scheiben von gefüllten Oliven, Tomatenviertel ohne Kerne, Radieschen

So wird's gemacht:

Kartoffeln schälen, waschen, abtrocknen, fein reiben. Geriebene Kartoffeln auf einem Sieb gut abtropfen lassen, evtl. etwas ausdrücken. Die Kartoffelmasse in drei Schüsseln verteilen. Für die Kartoffelpuffer die Kartoffeln mit einem Ei und einem Eßlöffel Mehl verrühren, mit Salz und Pfeffer würzen. Für die Zucchinipuffer die Zucchini waschen, abtrocknen, den Stengelansatz abschneiden, fein reiben. Die geriebene Zucchini zu dem zweiten Drittel der Kartoffeln geben, ein Ei, einen Eßlöffel Mehl

und die Petersilie hinzufügen. Mit Salz und Pfeffer würzen. Für die Möhrenpuffer die Möhren schälen, abtrocknen, fein reiben. Die geriebenen Möhren zu dem dritten Drittel der Kartoffeln geben, mit einem Ei und einem Eßlöffel Mehl verrühren, mit Salz und Pfeffer würzen. Etwas von dem Speiseöl in einer Pfanne erhitzen, den Teig eßlöffelweise nach Sorten getrennt hineingeben, flachdrücken, von beiden Seiten braun und knusprig backen. Die Puffer kann man nach dem Braten in bunte Gesichter verwandeln: Olivenscheiben als Augen, Möhrenstifte, Frühlingszwiebelwurzeln und krause Petersilie als Haare, Tomatenviertel als Mund und ein Radieschenstück als Nase.

Eis mit Stil

So wird's gemacht:

Für das Himbeereis die Sahne anschlagen, mit Himbeersirup und Lebensmittelfarbe verrühren. Die Masse in vier kleine Eisförmchen mit Stiel füllen, einige Stunden (am besten über Nacht) in den Gefrierschrank stellen. Nach Belieben einige Fruchtstückchen unterrühren.

Für das Orangeneis die Sahne anschlagen mit Orangensaft und Puderzucker verrühren, in vier kleine Eisförmchen mit Stiel füllen, einige Stunden (am besten über Nacht) in den Gefrierschrank stellen.

Als Zutaten brauchen wir:

Für das Himbeereis:

100 ml Schlagsahne

3 EL Himbeersirup

1 Tropfen rote Lebensmittelfarbe

evtl. einige Himbeerstückchen

Für das Orangeneis:

50 ml Schlagsahne

50 ml Orangensaft

2 EL Puderzucker

1 große Ananas

„Wenn ihr denkt“, meint Käpt’n Blaubär zu seinen drei Enkeln, „daß es bei uns im Winter besonders kalt ist, dann irrt ihr euch. Was sind schon minus 10 oder 20 Grad im Vergleich zu minus 68 Grad, denn so kalt wird es am Nordpol. Da friert selbst der Tee in der Tasse ein.“

Am nächsten Tag das Eis am Stiel aus den Formen ziehen. Das geht am besten, wenn man die Formen einmal kurz in lauwarmes Wasser taucht. Dann sticht man in eine Ananas mit einem Messer so oft ein, wie Eis vorhanden ist, und steckt das Eis in die Schlitze.

Idiotenpudding mit Vanillecreme

Als Zutaten brauchen wir:

Für den Pudding:

- 9 Blatt Gelatine, rot
- 500 ml (1/2 l) Milch
- 250 ml (1/4 l) Schlagsahne
- 100 g Zucker

Für die Vanillecreme:

- 2 Päckchen Instant Vanillesauce
- 500 ml (1/2 l) Milch
- Zucker
- 125 ml (1/8 l) geschlagene Sahne
- 4 Puddingförmchen oder 1 große Sandkastenform in Form einer Sonne oder eines Seesterns
- bunte Gummibärchen

So wird's gemacht:

Blattgelatine etwa 5 Minuten in kaltem Wasser einweichen. Milch, Sahne und Zucker erhitzen, bis sich der Zucker gelöst hat. Die Gelatine ausdrücken und unter die Masse rühren. Die Masse hat jetzt eine leicht rötliche Farbe angenommen. Die Puddingformen oder eine unbenutzte Sandkastenform mit kaltem Wasser ausspülen, mit dieser Flüssigkeit füllen und im Kühlschrank gelieren lassen. Es dauert etwa 2–3 Stunden. Vanillesauce nach Angabe auf der Packung zubereiten, geschlagene Sahne vorsichtig unterheben. Vanillecreme auf Desserttellern verteilen, die Puddinge stürzen und auf der Vanillecreme anrichten. Den Idiotenpudding mit bunten Gummibärchen verzieren.

Wenn man viel Zeit hat, kann man die Vanillecreme auch anders zubereiten:

500 ml (1/2 l) Sahne zum Kochen bringen, 50 g Zucker hinzufügen und das ausgekratzte Mark einer halben Vanilleschote hineinrühren, 20 g Speisestärke mit etwas Wasser anrühren und unter ständigem Umrühren in die kochende Sahne geben, anschließend die Vanillecreme kalt stellen, dabei öfter umrühren, damit sich keine Haut bildet.

„Wenn sich jemand wirklich mit Bären auskennt", tönt Käpt'n Blaubär vor seinen drei Enkeln, „dann bin ich es! Und ich sage euch, früher waren die Gummibärchen tatsächlich noch aus echtem Gummi. Das war 'ne starke Sache, denn man konnte sie stundenlang kauen und immer wieder benutzen. Heute sind sie ja nur noch aus Gelatine, und man schluckt sie schon nach ein paar Sekunden runter."

Leichtmatrosen

Wackel-bärchen

So wird's gemacht:

Gelatine in kaltem Wasser etwa 5 Minuten einweichen, herausnehmen, in einem kleinen Topf bei geringer Hitze auflösen. Saft und Zucker hinzufügen. Die Flüssigkeit in drei Teile teilen, vorsichtig mit einigen Tropfen Lebensmittelfarbe rot, grün und gelb einfärben.

„Auch der Gemeine Südenglische Meeresdrache mit Regenschirm wurde von dem herrlichen Duft angelockt. Südenglische Meeresdrachen mit Regenschirm fressen nämlich unheimlich gern Königsberger Klopse. Das Unangenehme war nur, daß diese Südenglischen Meeresdrachen mit Regenschirm fürchterlich gerne Kapern als Vorspeise, Königsberger Klopse als Hauptgericht und Blaubären als Nachspeise fressen.“

Als Zutaten brauchen wir:

Für 3 Personen:

- 6 Blatt Gelatine, weiß
- 450 ml Birnensaft
- 2 EL Zucker
- Lebensmittelfarbe
- 3 Metall-Bärenformen

Für die Sauce:

- 1 Becher (150 g) Crème double
- 2 Päckchen Vanillin-Zucker
- 1 EL Puderzucker
- Buntzucker

Die Bärenformen mit kaltem Wasser ausspülen, die Massen einfüllen, einige Stunden im Kühlschrank fest werden lassen. Vor dem Stürzen kurz in kaltes Wasser halten, auf Teller geben.
Für die Sauce Crème double mit Vanillin-Zucker und Puderzucker verrühren. Um die Wackelbärchen herumgießen. Buntzucker darum herum streuen.

Jede Menge Muscheln

„Wir Seefahrer fürchten nicht nur gefährliche Klippen, Seenebel und tosende Orkane“, berichtet Käpt'n Blaubär seinen drei aufmerksamen Enkeln, „sondern auch ein kleines, aber gefährliches Tier, nämlich die Gemeine Bohrmuschel. Diese Muschel bohrt mit ihren 14 000 kleinen Raspelzähnen Löcher in Schiffe aus Holz. Und plötzlich, wenn man gerade nichts Böses ahnt, hat man ein Leck.“

Als Zutaten brauchen wir:

75 g Butter

100 g Zucker

1 Päckchen Vanillin-Zucker

2 Eier

1 Prise Salz

125 g Weizenmehl

1 gestrichenen TL Backpulver

50 g abgezogene, gemahlene Mandeln

weiße, Vollmilch- oder Zartbitter-Kuvertüre

So wird's gemacht:

Butter mit den Rührbesen des Handrührgerätes schaumig rühren, nach und nach Zucker, Vanillin-Zucker, Eier und Salz unterrühren. Weizenmehl und Backpulver mischen, sieben und zusammen mit den Mandeln unterrühren, den Teig in gefettete Muschelformen füllen. Auf dem Rost in den vorgeheizten Backofen schieben. Bei 180–200 °C (Heißluft 150–170 °C) etwa 20 Minuten backen. Das Gebäck aus der Form stürzen, erkalten lassen. Kuvertüre in Stücke schneiden, in einem Topf im Wasserbad auflösen. Die Muscheln mit der Kuvertüre besprenkeln oder die Enden eintauchen.

Unsinkbarer Seesternkuchen

leicht gemacht

Als Zutaten brauchen wir:

- *1 Glas (Einwaage 450 g) Sauerkirschen*
- *150 g Butter*
- *200 g Zucker*
- *1 Päckchen Vanillin-Zucker*
- *2 Eier*
- *1 Prise Salz*
- *300 g Weizenmehl*
- *2 gestrichene TL Backpulver*
- *200 g Zartbitter-Kuvertüre*
- *einige Mandelstifte*
- *gehackte Pistazien*

„Natürlich ist Tee für mich ein Thema", sagt Käpt'n Blaubär, „denn alle Seefahrer trinken gerne Tee. Am liebsten natürlich den echten Ostfriesentee, der in Ostfriesland vor dem Deich geerntet wird. Wenn ich früher mal in Emden oder Greetsiel an Land gegangen bin, hab ich mir immer eine große Tüte mit frischem Ostfriesentee mitgenommen."

So wird's gemacht:

Sauerkirschen gut abtropfen lassen. Butter mit den Rührbesen des Handrührgerätes schaumig rühren, nach und nach Zucker und Vanillin-Zucker hinzugeben. Eier unterrühren, Salz, Mehl und Backpulver mischen, sieben, eßlöffelweise unterrühren. Den Teig in eine gefettete Sternform füllen, die gut abgetropften Sauerkirschen darauf verteilen (1 cm am Rand frei lassen), etwas eindrücken, die Form auf dem Rost in den vorgeheizten Backofen geben. Bei 180–200 °C (Heißluft 150–170 °C) etwa 55 Minuten backen. Den Stern aus der Form stürzen, erkalten lassen. Kuvertüre in Stücke schneiden, in einem Topf im Wasserbad auflösen, gleichmäßig über dem Kuchen verteilen, mit Mandelstiften und Pistazien dekorieren.

„Und dann fängt der an, mich in ein Gespräch zu verwickeln ... Daß er auch mal 'ne Großmutter gehabt hätt' vor Jahren ... und daß das 'ne schicke Kappe wär, die ich da aufhätte und lauter so 'n Kappes ...

Und als dann nichts mehr übrig war, hat er sich verabschiedet und gesagt, daß man das interessante Gespräch unbedingt mal vertiefen müßte ..."

Isegrimms Blauköppchenkuchen

So wird's gemacht:

Butter mit einem Handrührgerät mit Rührbesen auf höchster Stufe in etwa 1/2 Minute geschmeidig rühren, nach und nach Zucker, Vanillin-Zucker und Salz unterrühren, bis eine gebundene Masse entstanden ist. Die Eier nach und nach unterrühren (jedes Ei etwa 1/2 Minute). Das Mehl mit Backpulver mischen, sieben. Cream of Coconut mit heißem Wasser mischen, abwechselnd eßlöffelweise mit dem Mehl auf

Als Zutaten brauchen wir:

Für den Rührteig:

200 g weiche Butter

200 g Zucker

1 Päckchen Vanillin-Zucker

1 Prise Salz

4 Eier

500 g Weizenmehl

1 Päckchen Backpulver

5 EL Cream of Coconut (Kokosnußkonzentrat)

5 EL heißes Wasser

100 g Kokosraspel

1 1/2 EL Aprikosenkonfitüre

2 EL Wasser

Für den Guß:

100 g Puderzucker

1–1 1/2 EL Zitronensaft

blaue Lebensmittelfarbe

Schaumzuckerfiguren

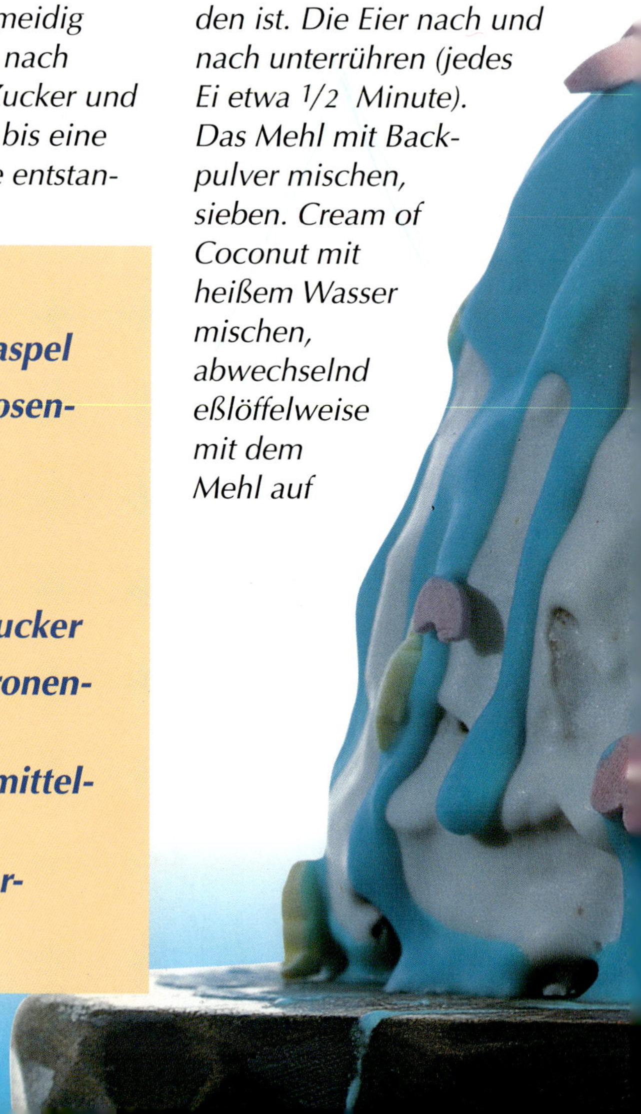

mittlerer Stufe unterrühren (nur so viel Flüssigkeit verwenden, daß der Teig schwer reißend von den Rührbesen fällt). Kokosraspel vorsichtig auf mittlerer Stufe unter den Teig rühren. Den Teig in eine gefettete Napfkuchenform (Durchmesser 24 cm) füllen. Die Form auf dem Rost in den Backofen schieben und backen. Bei 180–200 °C (Heißluft 150–160 °C) 60–70 Minuten backen. Den Kuchen zum Auskühlen auf ein Gitter stürzen. Aprikosenkonfitüre durch ein Sieb streichen, mit dem Wasser verrühren, unter Rühren aufkochen, den oberen Rand damit bestreichen. Puderzucker sieben, mit dem Zitronensaft glattrühren, so daß eine dickflüssige Masse entsteht. Die Hälfte des Gusses mit etwas blauer Lebensmittelfarbe einfärben. Zuerst die weiße Glasur über den Kuchen geben und an den Seiten herunterlaufen lassen. Dann die blaue Glasur auf den Kuchen geben und ebenfalls an den Seiten herunterlaufen lassen. Mit Schaumzuckerfiguren garnieren.

Opa Blaubärs Geburtstags-Torte

„Aber leider", erzählt er weiter, „hatte sich Hein Blöd sogar vorgenommen, eine richtige Geburtstagsfeier für mich zu organisieren, und das hätte er vielleicht doch lieber nicht machen sollen. Obwohl er es natürlich wieder mal nur gut gemeint hat, aber der hat eben einfach nicht mehr alle Becher im Schrank. Hein Blöd hatte nämlich auch Gäste eingeladen, einen Pottwal, der mindestens schon hundertundfünfzig Jahr alt war und gar nicht mehr aus seinem riesigen Pott rauswollte."

Als Zutaten brauchen wir:

Normaler Kuchen:

300 g Butter
~~275~~ 130 g Zucker
1 Päckchen Vanillin-Zucker
4 Eier
1 Prise Salz
500 g Weizenmehl
1 Päckchen Backpulver
125 ml (1/8 l) Orangensaft
4 EL Schokoladenraspel

175 g Rosinen
200 g Zartbitter-Kuvertüre
etwas Kokosfett
50 g Marzipan-Rohmasse
1 EL Puderzucker
evtl. etwas Lebensmittelfarbe
1 EL Puderzucker
etwas Wasser

So wird's gemacht:

Butter mit einem Handrührgerät mit Rührbesen schaumig rühren, nach und nach Zucker, Vanillin-Zucker, Eier und Salz hinzufügen. Mehl und Backpulver mischen, sieben, abwechselnd mit dem Orangensaft unterrühren (nur so viel Orangensaft

verwenden, daß der Teig schwer reißend vom Löffel fällt), Schokoladenraspel und Rosinen unterrühren. Den Boden von zwei Springformen mit 18 und 24 cm Durchmesser fetten. Den Teig zu zwei Dritteln in die Springform Durchmesser 24 cm, zu einem Drittel in die Springform 18 cm Durchmesser füllen. Auf dem Rost in den vorgeheizten Backofen schieben. 35–45 Minuten bei 180–200 °C (Heißluft 150–170 °C) backen. Die Kuchen aus den Formen lösen, abkühlen lassen.

Kuvertüre in kleine Stücke schneiden, mit etwas Kokosfett in einem kleinen Topf im Wasserbad bei schwacher Hitze zu einer geschmeidigen Masse verrühren. Die beiden Kuchen übereinandersetzen, mit der Glasur überziehen, fest werden lassen.

Marzipan mit dem Puderzucker verkneten, einen Teil der Masse evtl. mit Lebensmittelfarbe einfärben. Die Masse dünn ausrollen, verschiedene Motive ausstechen. Puderzucker mit etwas Wasser anrühren, die Motive auf der erkalteten Schokolade ankleben. Die Torte nach Belieben mit Kerzen und Figuren dekorieren.

„Es gibt nichts Einfacheres als Dummfischjagen. Man braucht dafür nur ein Megaphon. Dann ruft man so laut wie möglich: ‚Alle Mann unter Deck, es fängt an zu regnen!' Wenn die Dummfische das hören, springen sie scharenweise aus dem Wasser, direktemang in die Ladeluke."

Fangfrischer Fischkuchen

So wird's gemacht:

Mehl in eine Rührschüssel sieben, mit der Trockenhefe sorgfältig mischen, Zucker, Milch und weiche Butter hinzufügen und mit dem Handrührgerät mit Knethaken zu einem glatten, geschmeidigen Teig verrühren. Der Teig sollte eine feste Konsistenz haben. Falls er zu weich ist, noch etwas Mehl unterkneten. Etwa 3 Eßlöffel Teig abnehmen und zur Seite stellen. Unter den verbliebenen Teig vorsichtig 100 g Rosinen kneten, an einem warmen Ort etwa 30 Minuten gehen lassen. Danach nochmals vorsichtig durchkneten und auf einer bemehlten Arbeitsfläche ausrollen. Die Dicke des ausgerollten Teiges sollte jetzt etwa 1 cm betragen.
Ei und Milch verquirlen. Mit einem Ausstecher in Form eines Fisches vier Fische ausstechen, auf ein gefettetes Backblech legen und mit verquirltem Ei bestreichen. Den zuvor abgenommenen Teig verkneten, dünn ausrollen, kleine, runde Teigplättchen ausstechen und die Fische damit belegen. Sie sollen die Schuppen der Fische darstellen. Das Ganze noch einmal mit Ei bestreichen und im vorgeheizten Backofen bei etwa 180 °C (Heißluft etwa 160 °C) etwa 20 Minuten backen.

Als Zutaten brauchen wir:

Für den Hefeteig:

450 g Weizenmehl

1 Päckchen Trocken-Backhefe

60 g Zucker

150 ml lauwarme Milch

70 g weiche Butter

100 g Rosinen

Außerdem:

1 Ei

1 EL Milch

Ausstecher in Fischform oder eine Schablone

1 kleinen, runden Ausstecher, Durchmesser 1 cm

Zuckerhut-Limonade

Als Zutaten brauchen wir:

- *1 l Ginger Ale*
- *1 l Bitter Lemon*
- *4 EL Blaubeeren*
- *1 Zitrone (unbehandelt)*
- *1 Limone (unbehandelt)*
- *4 Zweige Melisse*
- *4 langstielige Cocktailpicker*
- *4 Eiswürfel*

So wird's gemacht:

Ginger Ale (Ingwer-Limonade) und Bitter Lemon in einen Mixbecher gießen und mit den Blaubeeren vermischen. Einige Minuten ziehen lassen. Zwischenzeitlich Zitrone und Limone waschen und je vier Scheiben abschneiden. Diese Scheiben auf Cocktailpicker stecken. Je Picker 1 Zitronen- und 1 Limonenscheibe. Je einen Eiswürfel in ein hohes Glas geben und mit der „Zuckerhut-Limonade“ auffüllen, mit Cocktailpicker und Melissezweig garnieren.

Tip:

Streuzucker mit zerdrückten Blaubeeren mischen (er färbt sich blau). Die Glasränder vor dem Auffüllen mit Zitrone befeuchten und in den blauen Zucker tauchen. So erhält man einen dekorativen Zuckerrand.

Rosa Elefantenbier

So wird's gemacht:

Erdbeeren putzen (das Grün abschneiden) und gut unter fließendem kaltem Wasser abspülen. Anschließend im Mixer zerkleinern. Milch und Puderzucker hinzufügen und nochmals kräftig mixen. Sahne mit einem Schneebesen aufschlagen, aber nur so lange, bis sie leicht dickflüssig wird.

Als Zutaten brauchen wir:

- *200 g Erdbeeren*
- *1 l Milch*
- *1 EL Puderzucker*
- *1 Becher (200 ml) Sahne*
- *4 EL Raspelschokolade*
- *bunte Trinkhalme mit Knick*

„In Australien leben nicht nur Känguruhs", erklärt Käpt'n Blaubär, „sondern auch der weltbekannte Koalabär, das Vorbild für den Teddybären. Und das Besondere an diesem Bären ist, daß er niemals etwas trinkt. Koalabären sind eben ganz anders als Blaubären", lacht der Käpt'n.

Das rosa „Elefantenbier" auf vier Gläser verteilen, angeschlagene Sahne darauf geben (etwa 2–3 Eßlöffel, sie dient als Bierschaum) und mit Raspelschokolade und Trinkhalmen servieren.

Dunkles Elchbier

nicht nur für Nordlichter

„Als es mal besonders kalt an Bord war“, berichtet Käpt'n Blaubär, „da hab ich in der Kombüse einfach den Kühlschrank aufgemacht, denn wenn man in einem Raum einen Kühlschrank offenstehen läßt, dann wird's nicht kalt, sondern warm. Und das hat mich gerettet“, sagt der Käpt'n, „denn ich war schon ganz blau im Gesicht.“

Als Zutaten brauchen wir:

- *500 ml (1/2 l) Malzbier*
- *500 ml (1/2 l) Coca-Cola*
- *4 Scheiben Limone*
- *4 große Gläser*
- *4 Cocktailspieße mit bunten Figuren*

So wird's gemacht

Kaltes Malzbier und kalte Coca-Cola auf vier große Gläser verteilen. Für jedes Glas halb Bier, halb Cola vorsichtig eingießen, da beide Getränke stark schäumen. Limonenscheiben halb einschneiden und auf den Glasrand stecken.

„Die schönste Stadt in Südamerika“, wiederholt Käpt'n Blaubär, „da muß ich mal nachdenken. Ich glaube, das ist Rio de Janeiro an der Küste Brasiliens, ihr wißt schon, die Stadt mit dem Berg, der ‚Zuckerhut‘ heißt. Dieser Berg ist übrigens wirklich ganz aus Zucker, aus reinem kristallisiertem Zucker. Klar, der meiste Zucker kommt ja auch aus Brasilien.“

Hein Blöds Liebestrank

Als Zutaten brauchen wir:

1 l Kirschsaft
4 EL Himbeersirup
4 Orangenscheiben
12 Cocktailkirschen
4 lange Cocktailspieße
1 Bogen Glanzpapier, rot
1 Herzausstecher
1 Bleistift
etwas Klebstoff
1 Schere

So wird's gemacht:

Den Kirschsaft mit dem Himbeersirup gut verquirlen und kühl stellen. Auf das Glanzpapier mit einem Bleistift vier Herzen aufmalen (mit Hilfe eines Herzausstechers), dann mit einer Schere vorsichtig ausschneiden und mit etwas Klebstoff an den oberen Teil der Cocktailspieße kleben. Wenn der Klebstoff trocken ist, je drei Cocktailkirschen aufreihen und die Spieße in Gläser stellen. Mit gekühltem „Liebestrank“ auffüllen und die Glasränder mit je einer bis zur Hälfte eingeschnittenen Orangenscheibe verzieren.

Copacabana-Kribbelwasser

So wird's gemacht:

Von den Ananasfrüchten einen Deckel abschneiden (Blattseite) und mit einem Kugelausstecher das Fruchtfleisch herausstechen. Die verbleibenden Fruchthüllen aufheben und kühl stellen. Dann das Fruchtfleisch mit dem Ananassaft vermischen und etwa 1/2 Stunde ziehen lassen.

Ananassaft mit Fruchtfleisch in die gekühlten Fruchthüllen füllen, mit Mineralwasser auffüllen. Mit je einem langstieligen Löffel und einem Trinkhalm versehen und mit dem Blattdeckel verzieren.

Als Zutaten brauchen wir:

4 Babyananas

250 ml (1/4 l) Ananassaft

250 ml (1/4 l) Mineralwasser

Außerdem:

1 kleines Messer

1 Kugelausstecher

4 langstielige kleine Löffel

4 Trinkhalme

Alphabetisches Register

Impressum

Die Deutsche Bibliothek – CIP-Einheitsaufnahme

Kochen mit Käpt'n Blaubär / [Dr. Oetker]. Text von Bernhard Lassahn. Rezepte von Gerhard Ruhle. Ill. von Walter Moers. Farb. Fotos von Norbert Toelle. - Orig.-Ausg. - Ravensburg: Ravensburger Buchverl., 1994

ISBN 3-473-37477-6

NE: Lassahn, Bernhard; Moers, Walter; Dr. August Oetker <Bielefeld>

Die Rezepte sind – wenn nicht anders angegeben – für 4 Personen berechnet.

Text: Bernhard Lassahn
Rezepte: Gerhard Ruhle
Fotos: Norbert Toelle
Foodstyling: Ursula Stiller

Redaktion: Carola Reich
Grafik und Gestaltung: Kontur Design
Gesamtherstellung: Mohndruck Grafische Betriebe

ISBN 3-7670-0460-2 (Ceres Verlag)
ISBN 3-473-37477-6 (Ravensburger)

BÄRCHENPUFFER-INSELN
N
W
O
S
GUGELHUPF-VULKAN-INSEL